J
Alda, Arlene,
Arlene Alda's 1 2 3 : what
do you see?

Arlene Alda's

1 2 3

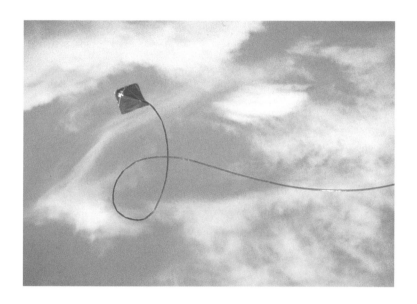

Tricycle Press
Berkeley | Toronto

1 to 10...

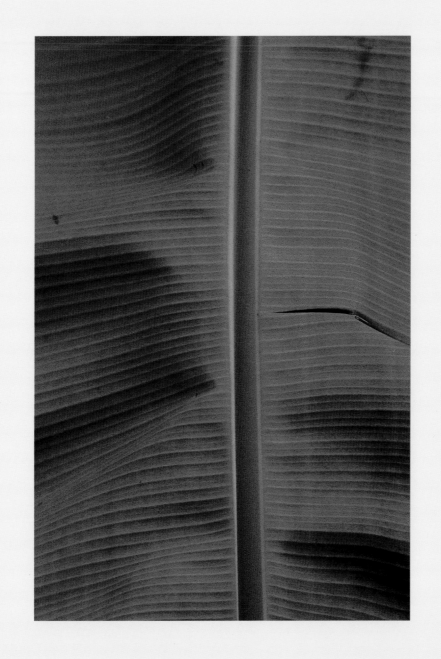

1 2 3 4 5 6 7 8 9 10

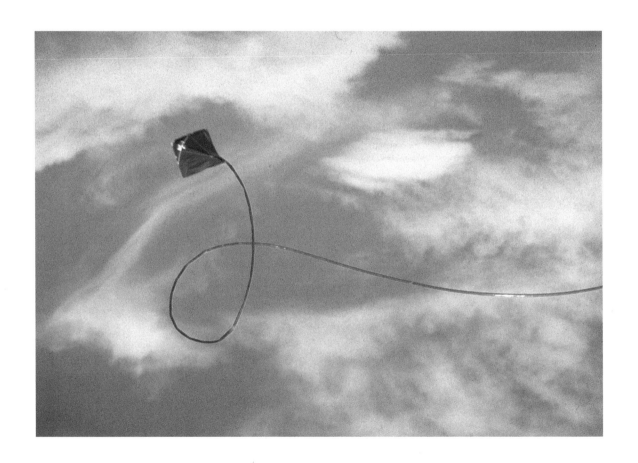

1
2

3

4
5
6
7
8
9
10

7

1 2 3 4 5 6 7 8 9 10

8

1 2 3 4 5 6 7 **8** 9 10

1 2 3 4 5 6 7 8 9 10

...and back again.

10

9

10 8 7 6 5 4 3 2 1

10

9

8

7

6

5

4

3

2

1

6

10
9
8
7
6

5

4
3
2
1

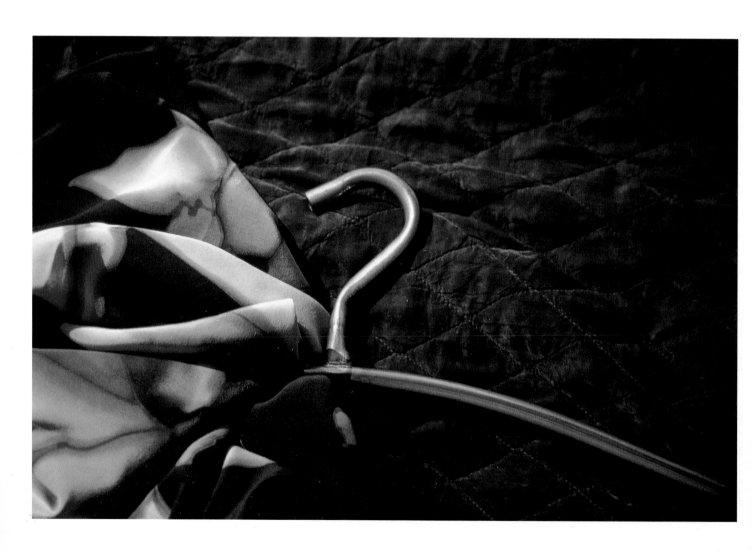